AF563776

MOTION D'ORDRE

À l'occasion de la Brochure de *LOUVET.*

PAR P. A. ANTONELLE.

Les Romains avoient élevé un temple à la concorde. Ah ! C'est bien là le temple qu'il faudroit consacrer au milieu de nous.

Eschasseriaux l'aîné, séance du 17 nivôse.

A PARIS,

De l'imprimerie de R. VATAR et ass. rue de l'Université, n° 926.

Pluviôse, an 3.

LA véritable règle de justice et de sagesse pour le grand corps révolutionnaire investi de tous les pouvoirs, dut être *le salut public*. Je reste convaincu que la Convention nationale a toujours voulu suivre cette règle. Il n'est pas impossible, sans doute, qu'elle l'ait quelquefois méconnue. Je crois à la possibilité de ses erreurs ; je ne veux pas croire à son esclavage.

Quel est donc cet insensé mensonge, cette scandaleuse supposition de la convention nationale, portant quinze mois le joug, et n'étant plus que l'organe des anarchistes et des tyrans ? Honte à ceux qui, les premiers, imaginèrent cette lâche imposture ! Honte à ceux qui pourroient vouloir qu'elle fut adoptée ! (1)

Sur le rapport de Merlin de Douay, qui ferme ainsi les portes du Temple, la convention vient de rendre un décret de rappel et de réhabilitation pour quelques membres égarés . . . . *A tout péché miséricorde* ; c'est aujourd'hui sa maxime. Il n'en est pas qui soit mieux en rapport avec nos communes foiblesses, et les malheurs de ces derniers temps . . . . Brisés, comme nous le fumes tous, de la tourmente et des orages, plus calmes désormais, et réconciliés sur la rive, jettons le voile de la fraternelle indulgence sur nos torts mutuels . . . . La justice qui fait grace, vaut bien la vengeance qui punit.

RAPPROCHEMENTS PRÉLIMINAIRES.

Je crois sans peine que les partisans déclarés de l'ancien régime, dans toute la monstruosité de ses abus, n'auroient pas même voulu de l'assemblée des notables, si cela eut pu être évité ; mais le petit nombre de ceux qui, parmi eux, n'étoient qu'égarés, durent bientôt reconnoître, et les autres ne pas trop contester, l'absolu besoin de ce remède à tant de maux, et de ce commencement de cure dont on attendoit de meilleurs effets.

Je m'explique facilement aussi les allarmes qu'inspira d'abord à tous les vivans d'abus la convocation des états-généraux ; mais ceux d'entr'eux qui n'avoient pas perdu le sens et la pudeur, ne purent cependant en méconnoître l'indispensable nécessité, qui fut bientôt généralement avouée.

Je conçois bien encore, et qu'on me passe l'expression, que les révolutionnaires au *demi-quart*, les féodo-royalistes, aient pu desirer que l'on s'en tint à la déclaration royale du 23 juin ; leur élan naturel s'arrêtoit là. Mais les 14 juillet, 5 et 6 octobre même année ; le 19 juin de la suivante ; les continuels progrès de la raison publique ; ses conquêtes successives ; l'éclatante manifestation de la volonté nationale, durent forcer tout ce qu'il y avoit d'hommes raisonnables et probes parmi eux, à suivre la nation qui alloit en avant, et à vouloir avec elle ce que résolument elle vouloit.

Je conçois de même que les *quarterons* révolutionnaires, les constitutionnels au bas *titre* de la révision, aient pu vouloir, pour un temps encore, et par diverses considérations d'intérêt propre ou de politique prudente, que la constitntion de 1791 fut respectée de tous et maintenue. Mais la continuité des perfidies royales et ministérielles ; les manœuvres, les prétentions, les intrigues des prêtres, des ci-devant nobles et des riches ; les facilités sans nombre que cette constitution même offroit à tous ceux qui vouloient la tourner contre les droits du peuple ;

la lutte interminable qu'elle eut nécessitée ; le torrent même des choses et l'irrésistible entraînement d'une volonté publique qui brisoit tous ses fers ; enfin, l'explosion du 10 août, déterminèrent la foule des constitutionels estimables à se détacher d'une constitution que le peuple n'avoit point acceptée, que le grand nombre des patriotes repoussa toujours involontairement, et comme de pur instinct ; qui, d'ailleurs, favorisoit trop le fanatisme et l'aristocratie, sembloit aussi nous placer entre l'anarchie et le royallste, et portoit en soi tous les germes d'altération, de désunion, de guerre intestine.

Je puis concevoir aussi qu'à cette époque du 10 août, ceux d'entre les demi-révolutionnaires qu'elle parut affliger, et qu'en effet elle dut un peu déranger ; ceux qui ne purent jamais se désacoutumer de je ne sais quel dédain pour ce qu'ils nommoient *peuple* ; ceux qui, trop choqués de la naturelle rudesse, de l'incivilité, de la brusque franchise, de l'indiscrète chaleur, de sa grossierté même, et, si l'on veut, ds la brutale impétuosité, en un mot de toutes les imperfections qui tiennent à la soupçonneuse inscience du pauvre et à la nécessité d'un travail de tous les jours ; étoient, au contraire, trop peu frappés des vices et des maux sans nombre qu'engendrent la molle oisiveté, l'énervante habitude de toutes les comodités de la vie ; le goût du luxe et des arts frivoles ; l'énivrement de tant de jouissances faciles ; le faux savoir, si commun, si présomptueux. si fertile en erreurs, l'orgueil même de la science et du talent, et pardessus tout, la corruptrice inégalité des droits ; ceux qui déjà réunis en faction gouvernante, préparoient une coalition nouvelle pour le succès de leurs plans et l'exercice d'un nouveau genre de domination ; ceux qui, ayant voué une assez forte haine, mêlée d'un assez faux mépris, à Paris et à ses habitans, les uns par jalousie, d'autres par une très-inquiète pusillanimité ; ceux-ci par les petits calculs d'une politique étroite et chagrine, ou par l'excès d'un puritanisme morose ; quelques-uns enfin, Buzot au moins, par cet inexpliquable instinct d'une aversion passionnée qui, s'irritant de son injustice même, prenoit souvent un caractère frénétique, et devint une véritable manie ; ceux qui, dans la bisarrerie ou l'envieux orgueil des plus tristes préventions, s'étoient bien promis de combattre et de détruire l'immortel et nouveau renom, la naturelle et salutaire influence de la cité commune, de la ville de tous, d'anéantir même au besoin la ville indomptable (1) ; ceux qui méprisoient beaucoup la convention nationale, et voulurent toujours la maîtriser ; ceux qui, par je ne sais quel autre mépris de leur espèce et de leur siècle, ne vouloient pas croire à la possibilité de constituer en démocratie représentative la vaste république de l'égalité, pour la maintenir une, heureuse et indivisible ; ceux qui, d'après tous ces motifs, et conformément au résultat de leur ensemble, s'étaient dit : — de deux choses l'une ; ou rétablir la royauté avec modification et changement de dynastie, et redonner au peuple la constitution de 1791, revue et perfectionnée (projet qui ne fut pas suivi) ou bien diviser la France en trois grandes républiques aristocratiquement organisées, ayant chacune son congrès général et son président unique, et formée de l'aggrégation de plusieurs petits états confédérés entr'eux, à l'instar des Etats-Unis d'Amérique, chacun de ces petits

(1) Buzot, dans son systême, faisoit de la destruction de Paris ou des axiomes de sa politique.

états étant formé lui-même de la réunion en un seul corps de trois départemens (projet qui prévalut, dont le plan fut formé, sauf à en poursuivre l'exécution plus ou moins promptement et ouvertement, selon les circonstances, et malgré les misantropiques méfiances de ceux qui s'obstinent à nous juger indignes de tout régime républicain, incapables de le stabiliser, impuissans à le supporter.)... — Je puis concevoir, sans doute, que de tels hommes aient travaillé et tourmenté l'opinion publique, Paris, les départemens, la convention nationale et le peuple, comme chacun sait qu'ils les travaillèrent et les tourmentèrent. . . . Mais lorsqu'en dépit des nombreux moyens dont ils disposoient, et qu'ils mirent en œuvre avec une habile activité; lorsqu'en dépit de l'art et de la persévérance de leurs liberticides efforts, ils ne purent se dissimuler que le peuple se prononçoit pour le maintien de la parfaite égalité des droits, pour la consolidation et l'organisation démocratique de la république une indivisible, alors, ai-je dit, tout ce qu'il y avoit parmi eux de modestes et véritables amis de la paix publique, des prospérités nationales et de la solide gloire, eût du s'unir d'esprit et de cœur à cette volonté générale, qui devenoit leur règle souveraine, et cesser d'agiter un peuple généreux, confiant et facile, qu'ils menoient vers l'abyme, par la lutte des opinions et le déchirement de la république. Alors, certes alors, le 31 mai n'eût pas été nécessaire, et alors aussi, le 31 mai n'auroit pas eu lieu; car il n'eut pas eu de véritable cause, et un prétexte n'eut pas suffi.

Telle fut, je le confesse, telle est encore ma conviction.

Je conçois enfin que cette opinion, toute bien fondée qu'elle me paroisse, puisse encore éprouver une résistance d'intérêt ou d'incrédulité; mais ce qui ne sauroit être raisonnablement contesté, c'est que si la sanction, si répétée et si formelle du peuple souverain, n'a pas validé et rendu sacré pour tous ce grand événement, rien n'est en effet valide et consacré dans la révolution; et par ce système rétrograde et ultra-réviseur, vous autorisez chaque parti à en attaquer successivement toutes les crises et le mouvement entier, en remontant sans cesse, pour s'arrêter je ne sais où.

MOTION D'ORDRE

A l'occasion de la Brochure de LOUVET.

S'IL est une circonstance où il importe de se prononcer hautement, sans amertume, mais sans détour, c'est lorsque des hommes qui eurent, envers la république et le peuple, les torts les plus graves, effacés aujourd'hui par le pardon national, et qu'on ne rappellera plus aussitôt qu'ils nous permettront de les oublier, abusent, au milieu de nous, de cette disposition même, et d'une réaction qu'on a trop peu contenue, pour se proclamer irréprochables et persécutés ; faire le procès au peuple même qui les protège de sa force et les couvre de son indulgence ; flétrir et proscrire en les enveloppant dans la généralité des dénominations les plus vagues, les plus arbitraires, les plus odieuses, une multitude de citoyens fidèles, forcés d'être énergiques et sévères, mais demeurés purs.

Je vais donc, avec la franchise austère qu'un tel excès provoque, énoncer mon opinion sur la brochure préconisante et diffamatoire, et l'un et l'autre excessivement, que le citoyen Louvet vient de publier sous le titre de : *Notices pour l'histoire*.

C'est un roman sérieux et puéril, un mensonge hardi et timide, un mélange de raison et de folie, d'artifice et de candeur, où l'esprit même et le ressentiment savent niaiser quelquefois, sans exclure l'art, sans éviter la haine.

C'est une satire amère du peuple ; c'est la violente détraction de deux années entières de sa révolution.

C'est, sous cet aspect, un tableau tout-à-fait infidèle, où la plupart des traits sur les choses et les personnes, sur les événemens et les principes, sont inexacts comme la fiction, ou trompeurs et faux comme l'absurde.

Une intriguante célèbre, au sein d'une république où l'égalité fut le premier dogme et le continuel serment, méprisa constamment le peuple ; elle conspiroit avec les dominateurs ; elle affichoit même la prétention de les gouverner eux-mêmes et de les diriger. Cette femme est ici l'objet de louanges les plus outrées ; on l'appelle *grand homme* ; on la présente à l'admiration de la postérité.

On y ouvre l'*élysée* aux traîtres publics (1).

---

(1) Je ne parle pas de ces hommes chéris, estimés et plaints dans les deux partis ; de ces hommes (et ce n'est point ici un langage de circonstances ; ce fut alors, c'est de même aujourd'hui, celui de mon cœur) qu'accompagnoient à l'heure terrible, et qu'appellent encore, l'attachement et les regrets du patriote même, qu'un devoir rigoureux et pénible contraignit à *déclarer* ; de ces hommes enfin, sur l'égarement desquels il est très-concevable qu'il existe deux opinions diverses, également sincères et raisonnées ; mais Buzot ! mais Salle ! mais Barbaroux ! et c'est ceux-là qu'on nomme. Je ne sais plus, je le confesse, ce que peut être la morale publique, je ne sais plus où trouver la véritable règle du citoyen, même en révolution, si la conduite de ces conjurés-meneurs, à-la-fois audacieux et perfides, superbes ennemis du peuple, suscitateurs obstinés de la guerre civile, peut être jugée digne d'éloges.

Celle qui médita froidement le crime, et le consomma avec la plus barbare tranquillité; celle qui, dans sa perfidie, feignit le besoin pour intéresser la pitié de l'homme qu'elle vouloit immoler; celle qui, introduite à ce titre, l'assassine quand il s'attendrit, et plonge le poignard dans le cœur même qu'elle pénétroit des sentimens les plus doux. . . . . L'étonnante, mais détestable Corday, y est, à cause de cela même, honorée de l'apothéose! C'est *la fille céleste;* on la montre à *l'Univers;* on demande un culte pour elle.

Au surplus, les saines pensées sur une révolution nationale, y sont par-tout insultées, et les sentimens d'égalité méconnus.

Les conjurateurs sont qualifiés bons et vrais républicains; et les républicains transformés en conspirateurs.

Le devouement à la cause du peuple y devient un titre de scélératesse; la révolte armée contre l'autorité nationale, y est présentée comme le plus frappant témoignage et le meilleur effet de la vertu publique.

Tout homme qui, dans ces deux années, a fomenté le soulèvement ou tiré le glaive contre l'autorité reconnue, reçoit de lui la palme du citoyen et le laurier du héros.

Tout homme qui resta fidèle, est à ses yeux un scélérat et un lâche.

Jamais l'assurance à mentir, et le sang froid dans la déraison, ne furent, en ce genre, portés plus loin: c'est ici la perfection de ces deux choses.

Et cependant, je me plais à penser que l'auteur n'est point un méchant homme . . . . L'égarement et l'exaspération peuvent tout expliquer. Ils mènent bien loin les imaginations ardentes et les cœurs sensibles!

Je ne connois point Louvet; mais son écrit me fait penser que ces derniers mots le signalent peut-être assez fidèlement.

Sous le rapport philosophique, j'y sens l'exaltation du romancier, condamné, par cela seul, à toujours être horriblement mécontent des sociétés humaines.

Sous le rapport de la sensibilité, j'y vois un homme en qui la tête obéit trop au cœur, et qui, maîtrisé par le sentiment sur des points où la logique aussi doit être consultée, dispense mal la louange et le blâme; sait aimer et sait haïr; mais ne sait pas juger.

Sous le rapport de la politique, je n'apperçois qu'un mécontent qui ne croit plus à la possibilité du régime d'égalité, parce qu'à cette époque de corruption, les crimes affreux, multipliés, infinis, l'opiniâtre résistance de ceux qui ne le veulent pas, ont précipité dans des excès ceux qui le veulent.

Sous le rapport du civisme, je vois une protestation à-peu-près universelle contre le peuple et sa révolution; contre la convention et ses décrets; contre les autorités constituées et leurs délibérations; contre les patriotes et leurs actes, depuis l'ouverture des séances conventionnelles jusques et par-delà le 9 thermidor.

Sous le rapport du mérite littéraire, j'y verrai tout ce qu'on voudra; car cela importe fort peu. Mais il faut que l'auteur se croie un personnage bien important lui-même, ainsi que sa DIVINE LODOÏSKA, pour venir offrir à un grand peuple, en guerre contre l'Europe armée, et une partie de lui-même, pour la conquête et l'établissement de sa liberté et de sa constitution démocratique, cet insipide amas d'historiettes et des plus minimes détails, tous relatifs à sa personne.

Que si, par hasard, ce n'étoit point ici une simple foiblesse de l'amour propre, mais une secrète inspiration de l'esprit de veangeance; si, lui aussi, vouloit jeter son tison dans ce brâsier qu'on entretient, redoubler ainsi le bouillonnement de ce qu'on nomme aujourd'hui l'esprit public, en accroître et propager l'incandescence, je pense qu'il auroit fait une grande faute; car ce n'est assurément pas de cela que l'esprit public a besoin au point où nous en sommes. Il importeroit alors d'avertir Louvet, parce que je le crois très-capable de reconnoître ses torts, et de les réparer.

Cependant le seul défaut de ses complices, *qui sont de* TROP GRANDS HOMMES *pour être flattés*, fut, selon sa pensée, d'avoir été moins extravagans que lui-même, et d'être restés en doute sur les horribles choses qu'il pressentoit. Ils ne se trompèrent que pour avoir refusé de le croire; ils ne firent de fautes que lorsqu'ils négligèrent ses avis.

La première des fautes capitales qu'il leur reproche et la plus désastreuse, dans son sens, comme la plus irréparable, fut de n'avoir pas forcé la cour à le nommer ministre de la justice, et d'avoir permis qu'on lui *préférât le timide, le lourd, l'ignorant Duranton*. A cette première foiblesse de ses amis tiennent en quelque sorte, et peuvent être rattachés tous les malheurs subséquens.

Un autre tort, et celui-ci bien majeur encore, fut de n'avoir pas assez fortement appuyé, assez vivement et opiniâtrement soutenu, soit en elle-même, soit dans les suites qu'on étoit convenu d'y donner, la grande et fatale dénonciation qu'ils avoient chargé Louvet de rédiger, en premier signal de cette guerre anti-populaire, et de ces déchiremens conventionnels qui n'eurent plus de fin.

Certes, à cette époque de l'ouverture des séances conventionnelles, ce ne fut, ni l'amour de la paix publique, ni l'inquiétude d'un patriotisme ombrageux, ni le desir du bonheur du peuple, qui leur inspiroit une telle dénonciation ; c'étoit bien évidemment l'esprit de haine et de rivalité, l'ambition recueillie, et méditant ses complots, la nécessité sentie et le projet formé de se rendre maître des délibérations.

Il adresse encore quelques reproches à ses amis qui ne savoient pas, dit-il, frapper *ces coups vigoureux par lesquels on peut abattre des conjurés*, et manquèrent trop souvent de résolution et d'énergie, notamment à l'époque du 10 mars et dans la crise du 31 mai, et sur tout cela, il nous donne à sa manière des renseignemens et des détails, dont il est permis de se défier un peu.

Il ne dit pas un mot du jugement de Capet, qui, cependant est bien de quelque chose dans l'*histoire* de la convention nationale, de ses divisions et des nôtres. Cette affectation est extrêmement remarquable. En revanche, et à la faveur de ce silence, il se donne le plaisir de traiter par-tout la *montagne* de royaliste; ce qui est, selon la convenance, dans un roman de parti.

Louvet pense qu'il suffira de réunir et rapprocher ces diverses notions, toutes certaines, pour bien savoir tout ce qu'il importe essentiellement de connoître relativement à la révolution ; on sera dès lors en état de l'apprécier ; elle eut été toute autre chose si Louvet lui-même eut été mieux apprécié par son *ingrate patrie qu'il a si bien servie*, comme on peut s'en convaincre par les détails dans lesquels il entre à ce sujet.

Ce n'est pas de cela seul, et sous ce rapport unique, que Louvet a cru devoir instruire le lecteur et se peindre en quelque sorte lui-même. Louvet-citoyen est souvent éclipsé par Louvet-amoureux, et l'intéressante Lodoïska revient sans cesse; elle est toujours là.

Ce n'est pas tout encore, et dans chacune de ses courses, de ses stations, de ses résidences, il ne fit pas un mouvement, il ne fut pas frappé d'un point de vue, il n'eut pas une pensée, il ne s'abandonna pas à un soliloque, il n'éprouva pas un accident, il ne resentit pas une douleur de jambe ou de cheville, il ne se donna pas d'entorse ou de foulure, dont il n'ait cru devoir nous entretenir.

Je ne lui en fais pas un reproche assurément, mais il faut qu'il ait un peu compté sur les circonstances, sur l'engoûment du jour, peut-être même sur la complaisance où les besoins de l'esprit de parti, pour accoler ou plutôt entremêler de telles confidences et des *notices pour l'histoire*.

Or, sous ce point de vue, son ouvrage en effet pourra faire époque.

Peut-être même, pour qui le lira bien, et à travers les petits artifices d'une colère en partie feinte, d'une bonhommie quelquefois affectée, d'une morale en étalage, d'un langage de cloître ou de boudoir, laissera-t-il percer le véritable esprit d'une faction dont on a tant parlé. Je crois au moins l'y découvrir, et sous ce point de vue encore, l'ouvrage fait époque et mérite d'être connu.

L'on pourroit bien penser aussi que Louvet n'est pas tout-à-fait aussi téméraire qu'il se vante de l'être, lorsqu'il publie aujourd'hui seulement, sept mois après le 9 thermidor, cette calomnieuse satire du 31 mai, de la convention nationale, du peuple, et cette extraordinaire apologie de ses amis, de lui-même et de leurs communs excès. Cela prouve seulement que l'opinion publique du moment lui paroît déja fort avariée.

Il compte sans doute sur la durée et les progrès de cet état d'avarie ; sans cette persuasion, auroit-il voulu nous dire, pour en tirer gloire, et répéteroit-il sans cesse avec un noble orgueil, qu'ils ont, ainsi que lui, voulu la guerre civile, qu'ils l'ont provoquée de tous leurs moyens, qu'ils l'ont faite ?

A la vérité, cette guerre civile et ce démembrement de la république, qu'ils commencèrent et vouloient opérer par l'*insurrection départementale*, étoient, comme on voit, honorés d'un fort beau nom, et couverts d'ailleurs du plus beau des prétextes. Cela *seul*, nous dit Louvet, *pouvoit sauver la patrie*. Il déclare qu'en conséquence leur volonté constante, soutenue et bien prononcée, fut d'*insurger les départemens*, et qu'ils mirent tout en œuvre pour l'accomplissement de ce grand dessein.

Il ne manque pas d'insinuer, de soutenir même que ce n'étoit point là une révolte ; que Paris, d'ailleurs, et la convention nationale, n'en devoient concevoir aucune allarme, attendu que le projet, extrêmement réduit et tout-à-fait innocent des députés et des administrateurs, se borneroit en dernière analyse, à l'extermination de la montagne, du département, de la commune, des jacobins, des cordeliers, de la foule des séditieux, tant à Paris que dans les autres communes fidèles : car enfin, le succès d'une telle entreprise conduisoit là. — On pourroit objecter que Pitt et Cobourg, Brunswick et Kaunitz, Catherine et Bouillé, Joseph et Lafayette, Frédéric et Dumouriez, les émigrés et les vendéens, tous nos ennemis enfin, n'ont jamais eu d'autre langage. Ils disoient aussi qu'ils n'étoient point en guerre avec la France, qu'ils ne marchoient pas contre les français, mais contre les séditieux, les conjurés, les anarchistes, c'est-à-dire contre un peuple fier

qui,

qui, ayant reconquis ses droits, ne vouloit plus s'en laisser dépouiller, mais seulement en confier provisoirement l'exercice pour en mieux assurer le triomphe.

La convention nationale a fait grace ; les circonstances sont changées ; tout est remis aujourd'hui ; la conduite et les desseins de Louvet et consorts ne sont plus qu'un souvenir ; que le passé reste où il est, dans le néant. — Je fais cependant une question simple à Louvet, à la raison et à la bonne-foi de Louvet. Croit-il qu'un des *insurrecteurs*, à l'époque où cette étrange espèce d'*insurrection* fut jugée, ayant à motiver sa conduite, et la développant comme lui-même il l'explique et la détaille dans sa brochure, eût pu être acquitté par le tribunal du peuple ? En vérité, je ne le pense pas. Et cependant il s'en faut de beaucoup qu'il ait dit tout ce qui le charge lui et ses amis ; il s'en faut de beaucoup que, dans un autre sens, il ait fait bonne mesure à la montagne.

Louvet n'a pas besoin que je lui rappelle qu'agent passionné d'une coalition connue, poussé par elle dans l'arène au moment où la république venoit d'être proclamée, et chargé d'y jetter le gant aux sans-culottes, il ambitionna l'honneur de faire entendre le premier cri de diffamation et d'attaque contre Paris et sa députation. On redoutoit la population de l'un, l'énergie et les talens de l'autre. Il falloit donc les abattre, car on vouloit dominer ; et, pour le succès d'un projet qui n'est plus un mystère, on avoit en effet besoin de dominer.

Cela fut bientôt suivi de la grande motion du *roi d'Evreux* pour enjoindre aux départemens de fournir une garde que la faction se promettoit bien de diriger au besoin contre les opposans, et que l'on vouloit aussi composer comme on compose de pareilles gardes. On n'a point oublié les fils de famille de Barbaroux. . . . . je ne veux point revenir sur les milles causes de division et de haîne, sujet continuel d'étonnement et de douleur pour les amis de la république et de sa représentation populaire.

Il seroit également triste et superflu de retracer ici les détails de ce long déchirement qui ne permit jamais à la convention nationale de délibérer avec calme et dignité, de s'occuper sérieusement du bonheur du peuple et de l'affermissement de ses droits, tourmentée comme elle l'étoit par cette coalition qui vouloit à-la-fois asservir la convention nationale à l'aide de ceux qui se séparent du peuple, et asservir le peuple lui-même par la convention nationale et par eux.

Ces coalisés se disoient les représentans du peuple, et ils méprisoient le véritable peuple, c'est-à-dire la grande masse qui veut et commande l'égalité.

Mandataires du souverain, ils étoient appelés à servir le grand intérêt qui doit tout confondre et tout soumettre, et ils servoient avec prédilection les intérêts séparés etdistincts.

Ils reçurent l'honorable mission de rendre à jamais prédominant le droit de tous, et toujours ils caressèrent et constamment ils voulurent faire prévaloir les prétentions de quelques uns.

Leur devoir, comme leur gloire, étoit de bien connoître et de constituer souveraine la volonté du peuple ; et ils n'écoutoient, ils sembloient ne vouloir entendre que la voix de ceux qui le méprisent.

Le peuple et la nature commandoient l'égalité des droits, l'union des cœurs, l'harmonie sociale par l'accord et la soumission des volontés privées.

Le peuple et la nature n'étoient plus entendus ; le peuple et la nature étoient insultées. Le peuple voulut être obéi.

Alors

Alors des mandataires infidèles et parjures désertèrent leur poste.

Ils le désertèrent, en désobéissant à la loi précise qui les retenoit.

Ils désobéirent à cette loi, en protestant contr'elle.

Ils désertèrent en fuyant vers des administrations connives et complices, qu'ils achevèrent de fanatiser.

Unis à tous ces administrateurs qu'avoient déjà profondément travaillés leurs motions, leurs rapports, leurs correspondances, leurs mille journaux, l'intarrissable effusion de leurs caustiques ministériellement répandus, ils embrâsèrent facilement des cœurs ainsi préparés; ils y jetèrent la flamme d'une irritation nouvelle; elle circula rapidement dans des esprits disposés à la recevoir..... La révolte s'organise, les départemens sont agités, les communes divisées, l'opinion publique tourmentée, l'autorité nationale méconnue. C'est contr'elle que l'on marche, et c'est d'elle qu'on se réclame. On proclame l'unité pour la rompre; on veut l'indivisibilité par le déchirement; on lève, on pelotonne, on met en bataillons la foule des citoyens séduits; les principaux chefs-lieux du grand complot, trois villes surtout populeuses et dominatrices, lèvent l'étendart de la rébellion, que partout leurs commissaires excitent; le démembrement est commencé, la guerre civile étend ses ravages...... qu'il n'en soit plus parlé, puisque la clémence d'un grand peuple a tout couvert et tout effacé;....... mais si nous l'oublions, nous, qu'ils s'en souviennent, eux, et qu'ils soient modestes.

Qu'ils soient justes et bons. Jamais il ne nous fut plus nécessaire de l'être tous. Qu'ils se gardent soigneusement de r'ouvrir des plaies encore saignantes; qu'ils ne travaillent pas au milieu de nous à remettre en division des frères reconciliés! qu'ils jouissent avec nous des douceurs d'une réunion long-tems inespérée ! qu'ils célèbrent avec nous l'immortelle révolution du 9 thermidor ! qu'ils nous aident à rendre inaltérable ses premiers effets, purs alors comme leurs auteurs et leur source ! qu'ils n'en abusent pas pour condamner ce qui l'a précédée à une époque où, s'ils ne furent pas seuls coupables, ils furent agresseurs ! en un mot, et sans revenir ici sur ce qu'on nomma la faction de la Gironde, qu'ils ne nous fassent pas craindre une faction *thermidorienne*.

On ne se méprendra pas, je l'espère, au sens de cette expresion ; elle dévoile la chose ; elle la fait sentir au moins à travers son prétexte ; elle peut empêcher que des actions ou des projets condamnables en soi, trompent la conscience publique, et paroissent, en quelque sorte, changer de nature par le charme et l'influence du mot dont on les couvriroit. Cet abus est de tous les tems ; puissions-nous nous en préserver aujourd'hui !

N'abusa-t-on pas du mot religion pour faire pieusement et consacrer des actes affreux ? du mot pasriotisme pour persécuter civiquement ? du mot révolution, pour contre-révolutionner horriblement ?

Eh bien ! ne pourroit-il pas arriver que, tout en se réclamant de l'heurense et grande journée du 9 thermidor, on nous précipitât dans les excès même et les calamités qui l'ont amenée ?...

Et de cela, n'y en a-t-il pas déja plus que des symptômes ?...

Toute révolution, dont les passions haineuses et l'esprit de vengeance se saisissent, n'entraîne-t-elle pas des malheurs afreux, et ne trahit-elle pas ainsi bien déplorablement l'intention des bons citoyens qui la voulurent et l'opérèrent ?...

Ceux-là même donc, n'ont-ils pas un intérêt plus direct

que tous les autres à la consommer dans le même esprit qui la fit entreprendre, à ne pas souffrir qu'on dénature et qu'on déshonore ce premier œuvre qui les a tant honorés ?

Si le systême oppressif et proscripteur, si les pensées de domination et de vengeance revivoient à l'appui d'un parti nouveau, qui même s'honoreroit, peut-être, du titre de parti vengeur, la liberté publique seroit encore sacrifiée, la justice outragée, nos troubles et nos malheurs éternisés.

Qu'arriveroit-il encore si le 9 thermidor, qui, dans son vrai point de vue, est le pendant du 31 mai (1), venoit à nous paroître son contraste et sa condamnation, comme cela a déjà été dit ? Qu'arriveroit-il si ceux qui le désaprouvent le mettoient en procédure ?

Ouvrez la brochure d'Isnard, et voyez comme il en parle. Lisez sur-tout les pages 41 et 42 ; elles sont, dans leur entier, le résumé en surcharge, le sommaire excessif des iniquités et des malheurs dont la république fut le théâtre jusqu'au 9 thermidor. Il met cela sur le compte de la journée du 31 mai, ce qui est tout confondre ; et cette journée elle-même, il la peint comme il croit la voir, et la voue à l'exécration.

Suivons dans ses conséquences, et dans l'hypothèse du

---

(1) Le 10 août renversa le parti qui vouloit profiter seul des bons effets du 14 juillet : le 31 mai parut dirigé contre un parti qui vouloit profiter seul des suites du 10 août. Le 9 thermidor jetta dans la poussière ceux qui vouloient élever leur puissance sur les bases mêmes et sur les fondemens du 31 mai. Le 9 thermidor les culbutta pour y replacer la convention ; qu'elle s'y s'y maintienne,

procès dont on parle, cette manière de raisonner et de peindre.

Voila le 31 mai et sa révolution condamnés et anéantis ; l'œuvre conventionelle à-peu-près effacée ; la convention elle-même déclarée, ainsi que le répète Isnard, agente *de la tyrannie et esclave d'un dictateur, jusqu'au 9 thermidor.*

Aussitôt les ennemis, et même les simples désaprobateurs du 10 août, se présentent ; ils se saisissent de ce premier jugement et de ce premier tableau, devenus opinions nationales ; ils y ajoutent, comme ils croient aussi le voir, le tableau de tout l'intervalle qui sépare les deux époques, et, ce tout ensemble, ils l'imputent à la journée du 10 août, qu'ils expliquent et dévoilent à leur manière.

Cette révolution est aussi condamnée, et les opérations de l'assemblée législative sont à leur tour réputées l'œuvre d'une faction conspiratrice, qui, en dépit du peuple et de la majorité, voulut renverser le trône et déchirer le livre de la loi, le code constitutionel de 1791.

Après ce triomphe des réviseurs, des prêtres, des monarchiens, des feuillans, des fayétistes, les purs royalistes paroissent, et, sans déviation aucune, suivant avec scrupule la route frayée, n'employant que les armes qu'on leur fournit, ils marchent tranquillement contre le 14 juillet, et je ne vois plus alors, en bonne dialectique, ce qui reste à dire pour le défendre.

Et il ne serviroit de rien de leur crier bien haut aux uns ainsi qu'aux autres, que le 10 août et le 14 juillet furent en effet de saintes insurrections ; et non des révoltes. Certes, je le pense bien comme vous, et rien n'est mieux démontré ; mais ce qui ne l'est pas moins, c'est qu'en soumettant ces deux journées au même creuset de prévention et de logique chicannière, où l'on eut fondu celle du 31 mai, on ne les reconnoîtroit plus après l'épreuve.

Non, ce n'est pas à cette coupelle que doivent passer les insurrections; aucune n'y résisteroit. Soyons de bonne foi avec nous-mêmes; ne feignons pas d'avoir été plus irréprochables et plus purs que nous n'avons pu l'être, et sur-tout, ne nous piquons pas d'infaillibilité : nous avons tous erré, nous avons tous péché; la postérité nous appréciera en masse dans le grand travail révolutionnaire. Mais, je le dis et le pense bien décidément, si la convention nationale revient sur le 31 mai, pour le condamner et le désavouer en lui-même, elle commet une faute irréparable.

J'ai cru moi, je le confesse, que nulle autre insurrection ne fut plus légitime et plus nécessaire; j'ai pu me tromper, sans doute (1).

---

(1) C'est personnellement, avec un désintéressement bien absolu, que je considère cette journée en elle-même, et que je parois la soutenir ici. Non seulement je n'ai pas su comment on l'organisa, ignorance qui fut mon rôle habituel dans la révolution, n'ayant jamais été dans la confidence d'aucun projet, mais j'y fus en outre totalement étranger à titre d'acteur ou de témoins. J'avois quitté Paris dès la fin de janvier pour me rendre à Brest, et de-là aux isles du Vent, où la convention nationale, par son décret du mois de novembre précédent, m'envoyoit en qualité d'un de ses délégués. Je ne revins à Paris que dans les premiers jours du mois d'août 1793, époque de la réunion des députés porteurs des votes des assemblées primaires en acceptation de la constitution démocratique, et en nouvelle adhésion bien prononcée à l'événement du 31 mai, comme au renversement de ce que le peuple appeloit alors une faction. Je portois au cœur les principes démocratiques, les opinions

D'autres pensent qu'elle fut une révolte, et l'œuvre criminelle de quelques dominateurs conjurés ; ils peuvent, sans doute, se tromper aussi.

Je leur laisse leur opinion, et je garde la mienne : ce n'est pas de cela qu'il faut s'occuper, quant à ce point ; laissons la question indécise : le temps éclaircit tout ; l'histoire prononcera.

Mais il s'agit aujourd'hui de sauver la chose publique, et d'opposer une digue au torrent de la rétrogradation. il s'agit de ne pas effacer tant de pages sur le grand livre révolutionnaire.

Il s'agit dans ce grand monument, travail de six années, de n'en pas arracher deux, qui, si l'on veut les retirer, feront crouler l'édifice entier.

Il s'agit enfin, comme je l'ai déja fait entendre, d'empêcher que, par une marche alors inévitable, et par une révision dont le terme ne pourroit plus être assigné,

---

populaires, les sentimens d'égalité, le vœu d'unité et d'indivisibilité qui me paroissoient animer aussi tous les partisans du 31 mai. Je dus l'aimer sous ce rapport ; comme j'avais aimé le 10 août, comme j'avois aimé le 14 juillet, sans en connoître assurément, ni les vrais moteurs, ni les agens immédiats, ni les entours, préparations et préalables, ni tous les détails et moyens d'exécution. J'y vis le triomphe des droits du peuple ; j'y vis un des palladiums de la démocratie dont elle assuroit le triomphe ; je le vis couvert de tous les sceaux du peuple souverain qui la vouloit et la consacroit ; et je ne pus aimer, je ne pense pas même qu'on veuile approuver jamais, les caravannes de ces députés insurrecteurs qui, la haîne et l'égoïsme dans l'ame, et le mot patrie sur les lèvres, hazardèrent sa ruine pour venger leur orgueil.

l'on ne nous ramène à la déclaration royale du 23 juin . . . . .

J'abandonne au lecteur la poursuite de ces réflexions. Je les livre à la méditation des bons esprits, et d'Isnard lui-même, qui me paroît un sincère ami de la révolution et de la république. Il énonce fièrement et franchement son opinion; mais il est bien éloigné de vouloir un renversement.

Qu'un tel homme et ceux qui lui ressemblent, soient hautement proclamés louables et purs dans leurs motifs, dans leurs intentions, dans leurs principes, dans leur courage de résolution, de discours et de pensée. Mais qu'on cesse de vouloir flétrir ceux qui différemment préoccupés ou convaincus, et raffermis encore dans leur opinion par toutes les apparences de l'assentiment national, furent purs aussi dans leurs motifs, dans leurs intentions, dans leurs principes.

Vous prétendez aujourd'hui qu'à l'époque du 31 mai, le peuple fut trompé sur plusieurs points par un parti qui réussit à faire taire l'autre; cela peut être; mais si, par une fatalité nouvelle, celui-ci, dans ce moment, parloit seul à son tour, ne nous tromperoit-il pas, même sans le vouloir, par la communication seule et la naturelle propagation de ses préventions et de ses erreurs? Que si l'on veut tous deux les entendre, et de nouveau les mettre aux prises, que peut-il en résulter? . . . . d'interminables querelles.

Le mieux est donc de se taire sur tout ce qui nous divisa, de nous réconcilier sincèrement, de nous mieux entendre à l'avenir; et de marcher ensemble vers le même but : l'égalité, la liberté, la paix publique, la prospérité commune, fondées sur la constitution démocratique, et assurées par un gouvernement définitif.

P. A. ANTONELLE.

15 Nivôse.

Note, correspondante à la lettrine de la page 3.

(1) Il y a quelque *courage* sans doute à lutter presque seul, et selon sa conscience, contre les préventions ou les écarts du parti qui triomphe. Legendre appelle cela de la *peur*, et dans la séance du 16, il adressoit à Bentabolle ces paroles d'encouragement : *La peur n'est pas de mise, sur-tout en révolution. . . . . . C'est du courage qu'il faut ; encore du courage, toujours du courage.* [Nouvaux applaudissemens. . . . . . Vifs applaudissemens.] (*Moniteur*, feuille du 19 ventôse.) Cette maxime est incontestable, et ceux qui l'ont tant applaudie, ne sauroient approuver ces autres hommes qui, par respect, disent-ils, pour la convention, voudroient lui faire déclarer que pendant sa session entière, elle décrêta de *peur*.

www.ingramcontent.com/pod-product-compliance
Lightning Source LLC
LaVergne TN
LVHW020256230826
846091LV00006B/2442
9782013246453